LA RÉGÉNÉRATION

DE LA

RÉPUBLIQUE D'ATHÈNES.

LA RÉGÉNÉRATION
DE LA
RÉPUBLIQUE D'ATHÈNES,

Fragment historique, traduit du grec,

Par le citoyen BOUCHER-LA-RICHARDERIE, *ex-membre du Tribunal de Cassation.*

A PARIS,

Chez GOUJON fils, Imprimeur-libraire, rue Taranne, N.° 737.

DESENNE et DEBRAY, Libraires au Palais-égalité;

Et à l'ancienne Librairie de DUPONT (de Nemours), rue de la Loi, N.° 1231.

29 FRIMAIRE, AN VIII.

du manuscrit : c'est la traduction de ce morceau qu'on donne au public, parce qu'il a paru présenter des applications très-frappantes aux circonstances actuelles. La lecture de l'ouvrage indiquera suffisamment les motifs qui ont déterminé le traducteur à donner au fragment le titre qu'il porte.

LA RÉGÉNÉRATION DE LA RÉPUBLIQUE D'ATHÈNES.

ATHÈNES avoit renversé le gouvernement monarchique et s'étoit constituée en République : le peuple avoit confié à ses délégués les pouvoirs les plus étendus et spécialement celui de rédiger un code constitutionnel, qui portant sur les bases de l'égalité de droits seulement, protégeât la liberté politique et civile des individus et garantît efficacacement leurs propriétés.

Parmi ces délégués se trouvoient plusieurs membres d'une société qui s'étoit formée à Athènes, pour s'occuper de discussions politiques, et des citoyens attachés à la nouvelle administration préposée au gouvernement particulier de la ville d'Athènes. A l'aurore de la liberté, toutes deux avoient rendu à cette cause sacrée, les services les plus signalés : mais des esprits ardents, des ambitieux adroits avoient semé dans leur sein les principes d'une démagogie effrénée. Ce levain corrompit promptement la masse de l'assemblée des délégués : ses dominateurs rédigèrent à la hâte une constitution qui n'étoit que le code de l'anarchie ; mais comme elle offroit néanmoins encore une ombre quelconque de pouvoirs constitués, elle ne parut pas propre à servir assez efficacement leurs vues; ils en suspendirent donc l'exécution, et formèrent dans le sein même de l'assemblée un gouvernement provisoire. Les fallacieuses idées d'égalité rigoureuse, de nivellement des fortunes, de loix agraires, de bonheur commun, furent adroitement jetées en avant par eux, pour masquer leur projet d'établir l'olygarchie la plus concentrée; l'un d'eux même, auquel une popularité adroitement ménagée et des déclamations artificieuses à la tribune de la société politique, avoient assuré la prépondérance dans l'assemblée des délégués, fut avec beaucoup de vraisemblance soupçonné d'aspirer secrètement à la tyrannie: les mesures les plus atroces furent concertées pour faire réussir l'un ou l'autre de ces deux projets.

On forma sur tous les points de l'Attique des aggrégations composées des hommes les plus exagérés dans leurs opinions, ou les plus décriés par leur conduite. A ces aggrégations fut attribué le droit de faire la perquisition de tous les individus réputés suspects, de recevoir sans examen les délations contre toutes les classes de citoyens, d'incarcérer enfin à leur gré tout ce que ces recherches odieuses pourroient leur procurer de victimes. Ainsi furent repeuplées les prisons qu'on avoit dévastées naguères, durant le cours de trois désastreuses journées, en y massacrant impitoyablement tout ce qui s'y trouvoit de détenus.

Pour se délivrer de ceux qui les remplaçoient, on érigea dans les principales villes de l'Attique, des tribunaux dont la composition fut plus odieuse encore que celles des aggrégations qu'on vient d'indiquer. Celui de la capitale fut partagé en deux sections pour accélerer les assassinats juridiques. Là, sans distinction d'âge, de sexe, de talens, de vertus, sans entendre les prévenus dans leurs défenses, une foule de victimes étoient journellement condamnées à mort ; le sang ruisseloit de toutes parts sur les échaffauds.

Mais quoique dans ces tribunaux les formes fussent aussi scandaleusement abrégées, qu'elles étoient audacieusement violées, la marche en parut encore trop lente au gré de ceux qui la dirigeoient. Dans divers cantons de l'Attique, on trouva plus expédient de précipiter dans les flots une foule de citoyens ou de les massacrer en masse.

L'intolérable excès de ces maux en amena le remède ; plus d'une fois les dominateurs de l'assemblée des délégués, avoient sacrifié à leurs soupçons ceux de leurs collègues même qui s'étoient rendus complices de leurs fureurs. Quelques autres qui se voyoient également menacés, se rapprochèrent de la partie saine de l'assemblée ; secondés par le peuple qui sortit de sa stupeur, ils se déclarèrent ouvertement contre ses oppresseurs, les tyrans furent immolés et la bonne cause enfin triompha.

Après avoir établi un nouveau gouvernement provisoire, plus fidèle aux principes de la liberté, on s'occupa de rédiger un nouveau code constitutionnel : comme ce code renfermoit sur certains points les plus excellentes dispositions, les meilleurs esprits ne s'apperçurent pas que les bases en étoient vicieuses; l'expérience seule le démontra. Le choix de ses juges conciliateurs étoit directement abandonné au peuple dans les assemblées partielles de canton ; cette disposition étoit sage ; mais dans ces mêmes assemblées partielles, il choisissoit non-seulement ses administrateurs particuliers, mais encore ceux qui dans les assemblées d'arrondissement devoient élire les administrateurs des grands districts, les membres des grands tribunaux, les délégués enfin de la nation. Avec un pareil mode, les choix n'étant pas soumis à une épuration salutaire, étoient presque tous dirigés par les agitateurs des divers partis ; et de ce limon impur s'élevoient successivement aux premières places, ou des partisans secrets du régime monarchique, ou d'audacieux sectateurs de l'anarchie.

L'assemblée des délégués formant le corps législatif étoit divisée en deux sections : dans l'une appelée la section des Jeunes, se proposoient spontanément les projets de loix qui s'y discutoient publiquement et qui, s'ils étoient adoptés par la majorité des membres de la section, se rédigeoient sous le titre de résolutions: chaque membre pouvoit hazarder ses idées étrangères ou non à l'objet de la délibération ; c'est ce qu'on appelloit assez improprement des motions d'ordre, puisque trop souvent elles jettoient le désordre dans l'assemblée. Le gouvernement qui à raison des grands objets d'administration qui lui sont confiés, connoît mieux que les législateurs mêmes les besoins du peuple, et doit naturellement indiquer les loix qu'il convient de faire, n'avoit aucune influence nécessaire dans la proposition de ces loix. Son droit à cet égard se réduisoit à la faculté d'envoyer des messages où il invitoit à prendre tel ou tel objet en considération ; mais la section qui recevoit ces messages pouvoit n'y avoir aucun égard et se dispenser même de discuter les mesures qui lui étoient proposées.

Dans l'autre section, composée d'hommes plus mûrs, et à laquelle étoient renvoyées les résolutions prises dans celles des jeunes, non-seulement elles étoient discutées publiquement, mais le vote d'approbation ou de rejet avoit la même publicité.

De cette forme de délibérations il devoit nécessairement résulter un défaut de liberté dans les suffrages : car si le projet de résolution flattoit en apparence le peuple, quoiqu'il contrariât en effet ses vrais intérêts, la section hésitoit de le rejeter, dans la crainte de se dépopulariser.

Les membres de ces deux sections se renouvellant tous les ans par tiers, la durée de leurs fonctions étoit trop courte pour que l'expérience qu'ils auroient pu acquérir durant les premières années de l'exercice de ces fonctions, pût tourner au profit du peuple dans les années subséquentes.

Le Gouvernement n'était pas assis sur des bases plus solides que celles du Corps législatif : on l'avoit confié en commun à cinq hommes, qu'à raison de leur nombre on nommoit Pentarques. En conséquence de cette égalité de pouvoir, ils ne pouvoient prendre de délibérations qu'à la majorité des suffrages : on conçoit, dès-lors, que dans ces cas si fréquens, où il importoit aux suprêmes administrateurs de prendre avec célérité un parti, ce dissentiment des opinions jettoit dans les délibérations une lenteur extrêmement préjudiciable au bien public.

Ce qu'on appelloit dans cette constitution la garantie des membres du Corps législatif et du Gouvernement, c'étoit pour leurs membres la prérogative de ne pouvoir être mis en jugement qu'avec des formes si compliquées et si longues, qu'il y avoit tout lieu de craindre, comme cela est arrivé en effet, que pour se soustraire à la nécessité de les suivre, on n'eût recours à des moyens violens et arbitraires.

Sans considérer qu'il faut un temps très-considérable pour étudier les loix et en bien saisir l'esprit, que l'expérience de plusieurs années suffit à peine pour en faire une heureuse application, on avoit limité à cinq ans la durée des fonctions de juge, et la faculté de les réélire à des électeurs quelquefois dirigés dans leurs choix par le caprice, plus souvent encore par l'animosité des passions et par l'esprit de parti.

On avoit enfin inséré dans la constitution deux articles, qui consacroient, d'une part, la liberté d'écrire et de publier ses écrits; de l'autre, celle de former des sociétés particulières s'occupant de discussions politiques.

Cette double liberté établie de la sorte constitutionnellement, mettoit les plus terribles entraves à la confection des loix repressives des abus si comuns en pareille matière: aussi dans la suite fut-il impossible de rien statuer à ce sujet, parce que le parti dominant qui avoit intérêt de maintenir la liberté illimitée des écrits et des sociétés, repoussoit tous projets de lois sur ces objets, en faisant adroitement retentir aux oreilles du peuple le mot imposant d'inconstitutionnalité.

Telles étaient, dans le détail, les principales taches qui défiguroient la constitution dont il s'agit; mais son vice le plus radical, c'étoit le défaut de garantie pour les deux autorités principales de la République contre les invasions de pouvoir que réciproquement elles pouvoient faire l'une sur l'autre. Point de tribunal suprême pour décider si tels actes du Corps législatif ou du Gouvernement étoient constitutionnels ou non.

Les évènemens qui suivirent ne prouvèrent que trop combien cette omission étoit préjudiciable au maintien de la constitution.

Des élections faites suivant le mode défectueux dont on a parlé, portèrent à l'assemblée des délégués des hommes attachés au régime monarchique ; ils y formèrent un parti puissant, et arrachèrent à l'Assemblée des loix favorables aux bannis du territoire de l'Attique.

Si le tribunal suprême avoit existé, il auroit d'abord annullé ces lois inconstitutionnelles, et l'on auroit pu suivre à loisir les formes prescrites par la constitution, pour mettre en jugement leurs provocateurs; mais, à défaut de ce tribunal, et la ressource de la mise en jugement se trouvant trop lente, on ne crut pouvoir parvenir à faire rapporter ces loix, qu'en usant contre leurs auteurs de moyens réprouvés par la constitution même.

Par une réaction assez ordinaire, les anarchistes qui avoient cru voir dans l'abaissement des fauteurs de la royauté le triomphe de leur parti, s'agitèrent tellement qu'ils parvinrent à faire élire pour l'assemblée des délégués des hommes extrêmement redoutables : pour les en écarter, on fut obligé d'avoir recours à la déplorable ressource d'annuller les choix du peuple.

Lorsqu'il s'étoit agi de renverser le parti des royalistes, l'Assemblée s'étoit jetée de confiance dans les bras du gouvernement, et lui avoit conféré des pouvoirs qui blessoient même, en quelque sorte; la constitution; les Pentarques en abusèrent et prirent, d'ailleurs, plusieurs arrêtés qui avoient le caractère de lois.

L'assemblée sortit enfin de l'asservissement où l'avoit insensiblement réduite le gouvernement, elle sentit ses forces; mais au lieu de suivre les formes constitutionnelles pour mettre en jugement les Pentarques s'il y avoit lieu, elle les amena par divers moyens peu convenables peut-être à sa dignité, à donner leur démission, et leur nomma des successeurs.

Des succès continus à la guerre que soutenoit Athènes contre des puissances coalisées pour lui ravir la liberté et envahir son territoire, avoient sur-tout enhardi les Pentarques dans leur envahissement de pouvoir.

Sur les confins de la Germanie (1) les généraux d'Athènes lui avoient conquis une grande étendue de territoire.

Mais c'est sur-tout dans l'Ausonie (2), sous un chef également habile dans les opérations militaires, dans les grands détails d'administration, dans les négociations politiques que la nation Athénienne s'étoit élevée au plus haut degré de gloire.

NOBATERAP, c'étoit le nom de ce chef, né de

(1) Aujourd'hui l'Allemagne.

(2) Aujourd'hui l'Italie.

parens nobles dans une des isles de la domination d'Athènes, avoit reçu dans la Métropole une éducation très-soignée : sans négliger d'autres connoissances, il s'étoit particulièrement attaché à celles qu'exige la profession militaire. Après avoir passé par différens grades, il se distingua singulièrement au siége d'une ville maritime, l'une des clefs de l'Attique, qui en avoit été détachée par la trahison. Peu de tems après, il fut nommé général en chef de l'armée d'Ausonie : lorsqu'il en prit le commandement, elle étoit incomplète et désorganisée : il y rétablit la discipline et la recruta, soit avec des troupes nationales, soit avec les habitans des pays même où il pénétroit. Des victoires consécutives lui assujettirent toute l'Ausonie septentrionale ; mais loin d'en traiter les peuples comme des nations subjuguées, il fonda plusieurs républiques sur divers points de ce pays, détruisit l'olygarchie dans celles qui y existoient déjà, et y substitua le gouvernement représentatif.

S'enfonçant ensuite dans les gorges des montagnes qui séparent l'Ausonie de la Germanie, il pénétra dans ce vaste pays et en fit trembler le chef dans sa capitale. Un traité glorieux qui devait servir de base aux négociations ultérieures, suspendit seul ses progrès, et auroit procuré une paix solide et honorable, si le gouvernement d'Athènes en prolongeant beaucoup trop ces négociations, n'avoit pas laissé le tems aux Puissances coalisées de réparer leurs pertes et de se procurer de nouveaux alliés.

Après avoir passé quelque tems à Athènes où il entretenoit des liaisons suivies avec les savans et les philosophes les plus distingués, NOBATERAP conduisit une partie de son armée en Egypte. Cette contrée jadis si célèbre, étoit alors oppprimée par une milice insolente descendue d'esclaves et toujours recrutée d'esclâves; il vainquit plusieurs fois les chefs de cette milice, qui avoient fait essuyer au commerce d'Athènes les plus humiliantes avanies; et soit en personne, soit par ses lieutenans, il les repoussa dans le désert.

Ces expéditions terminées, il établit dans toute l'Egypte une forme d'administration convenable au pays et aux divers peuples qui l'habitent, y jeta le germe des sciences de l'Europe, allégea le poids des impôts que payoit le peuple, et devint ainsi le libérateur du pays qu'il étoit venu conquérir. Il pénétra ensuite en Syrie, dont le gouverneur féroce lui avoit donné de justes sujets de plainte; et après lui avoir fait essuyer des pertes énormes, il ramena son armée en Egypte où la saison alors favorable, permettoit aux Orientaux de tenter un débarquement. Déjà en effet ils s'étoient emparés d'un fort qu'on regarde comme la clef de l'Egypte; mais il le reprit sur eux après avoir complettement vaincu et précipité dans la mer la plus grande partie de leur armée.

C'est vraisemblablement à cette époque que Nobaterap fut instruit des revers que la trahison ou l'ineptie avoient fait essuyer à la République d'Athènes, soit dans l'Ausonie, soit sur les confins de la Germanie, et des troubles qui agitoient l'Attique dans l'intérieur; il n'hésita pas un moment à quitter l'Egypte, après avoir pourvu par de sages mesures, soit à l'administration civile du pays, soit à la direction des armées; il repassa en Europe.

Portant alors un regard perçant sur toutes les parties de l'Attique, il vit que sa constitution étoit minée de toutes parts, qu'elle s'écrouloit insensiblement, et ne présenteroit plus bientôt que de tristes décombres; il le vit, et il résolut de régénérer la République, en lui procurant une nouvelle constitution mieux coordonnée et plus vigoureuse; dans ce dessein il associa ses conceptions avec celles de l'Athénien Ysiès.

Cet homme originairement l'un des membres du collège des prêtres de l'Attique, n'avoit jamais partagé la stupide crédulité des uns, n'avoit jamais affecté l'insolente morgue des autres; ses profondes méditations avoient de tout tems porté sur les grands principes du droit politique, sur les bases des gouvernemens. Sous le régime même de la monarchie il avoit publié plusieurs écrits lumineux qui avoient révélé au peuple Athénien, le secret de ses droits et de sa force. Depuis l'établissement de la République, il avoit été plusieurs fois appelé à concourir à la formation de divers projets de constitution ; mais ses coopérateurs ne pouvant pas atteindre à la hauteur de ses idées, avoient pris le parti de les rejetter ; ses talens néanmoins avoient laissé une si profonde impression dans les esprits, qu'au dernier renouvellement des Pentarques, tous les partis s'étoient rapprochés pour le porter le premier à ce poste.

Nobaterap et lui communiquèrent leurs vues aux meilleurs esprits de l'assemblée des délégués : il fut convenu que la constitution actuelle ayant été violée tant de fois, était nécessairement décriée, que les bases d'ailleurs en étaient vicieuses, et qu'il y avait nécessité d'y en substituer une autre. Mais comme le parti favorable à l'anarchie affectait, pour se soutenir, de se jetter sur la planche fragile de cette constitution même qu'il avait tenté tant de fois de submerger, on crut nécessaire d'exclure de l'assemblée des délégués tous les membres attachés à ce parti. Épurée ainsi dans ses deux sections, elle s'ajourna elle-même après avoir formé plusieurs commissions pour suivre ses divers travaux : deux de ces commissions étoient spécialement chargées de dresser conjointement avec Nobaterap, Yeiès et Sucod, digne d'être associé à leurs travaux, et tous trois nommés Archontes provisoires, une charte constitutionelle basée en grande partie sur des principes opposés à ceux qui avoient dirigé les auteurs de la nouvelle constitution.

Le vulgaire des hommes fut frappé de la rapidité avec laquelle le nouveau pacte social fut conçu et rendu public : ils ne virent pas que ce code n'étoit qu'un rassemblement heureux de vérités depuis long-temps préconçues par de bons esprits, et rendues sensibles par l'expérience.

Comme une autre Minerve, la nouvelle constitution sortit toute armée du cerveau de ses auteurs, portant dans son sein les élémens propres à lui donner sa première direction : on y fit entrer toutes les sages dispositions de la précédente, sans affecter la vanité puérile d'en altérer les expressions.

Elle consacra d'abord le système représentatif, mais elle admit indistinctement tous les citoyens de l'Attique à voter : par cette mesure, les droits de l'homme furent respectés, mais par le mode épuratoire dont on va parler, l'intérêt qu'avoit la nation d'avoir pour ses délégués et ses magistrats suprêmes des hommes probes et instruits, fut mis à couvert. Ces nombreux votans, en effet, se réduisoient, par des élections successives, à un petit nombre d'éligibles aux fonctions publiques nationales. A chaque élection, il étoit formé des listes dans lesquelles seules le peuple d'abord, puis les ministres, puis les magistrats suprêmes et les sénateurs avoient respectivement le droit de choisir ceux dont la nomination leur étoit exclusivement attribuée. A ces précautions prises pour assurer la bonté des choix, on ajouta celle de ne déférer les plus importans qu'à la Chambre sénatoriale.

Cette Chambre, spécialement chargée du dépôt de la constitution, étoit composée de soixante membres inamovibles et à vie, âgés au moins de quarante ans, et dont le nombre devoit graduellement s'élever jusqu'à quatre-vingt. La nomination aux places de sénateurs fut laissée à la Chambre même sur la présentation qui lui étoit faite de trois candidats par les trois autres grands pouvoirs: ils furent déclarés inéligibles à toutes autres fonctions. Ainsi, pour garantir la constitution des orages qui renversent les édifices les plus solides, pour la préserver de l'instabilité attachée aux établissemens humains, on la mit sous la sauve-garde d'hommes affermis par la maturité de l'âge et le spectacle instructif des révolutions contre le choc des passions et des intérêts divers; et en les fixant pour la vie dans le poste honorable où la constitution les plaçoit, on les identifia en quelque sorte avec elle, en ne leur permettant plus d'autre ambition que celle de conserver inaltérable ce dépôt sacré.

Toutes les listes faites dans les divers arrondissemens de l'Attique, devoient être adressées à la Chambre sénatoriale: c'est dans la dernière de ces listes qu'elle choisissoit les membres de la Chambre des délibérations et de celle des propositions, les Archontes, les membres du tribunal régulateur, et les officiers de la comptabilité.

A cette Chambre appartenoit d'annuller tous les actes qui seroient dénoncés comme inconstitutionnels par la Chambre des propositions et par le gouvernement : les listes d'éligibles étoient comprises dans ces actes.

Par cette dernière attribution, les membres de ce bel établissement furent environnés d'une grande considération ; et par le traitement qu'on leur assigna, on les rendit inaccessibles à toutes séductions d'intérêt. Tels furent les élémens dont on forma la Chambre sénatoriale.

C'étoit véritablement la clef de la voûte de l'édifice. Ysiès, l'auteur de cette sublime conception, avoit proposé de la faire entrer dans la précédente constitution ; et c'est pour ne l'y avoir point placée que, cette constitution est si rapidement tombée en ruines.

Aucune loi ne pouvoit être promulguée que lorsque le projet en auroit été proposé par le gouvernement, communiqué à la Chambre des propositions, discuté par celle des délibérations ; en tout état de la discussion des projets de loix, le gouvernement pouvoit les retirer et les reproduire avec des modifications : c'étoit une voie qui lui étoit sans cesse ouverte pour profiter des lumières qui pouvoient lui être arrivées de tous les points de la République, depuis la présentation des projets.

La Chambre des propositions, composée de cent membres, âgés au moins de 25 ans, renouvellés par cinquième tous les ans, et indéfiniment rééligibles, tant qu'ils resteroient sur les listes nationales, discutoit les projets de loix, en votoit l'adoption ou le rejet : elle envoyoit trois orateurs pris dans son sein, par lesquels, concurremment avec ceux du gouvernement, les motifs du vœu qu'elle exprimoit sur chacun de ces projets, étoient exposés et défendus devant la Chambre des délibérations.

L'expression de ce vœu pouvoit encore s'étendre sur les abus à corriger, et sur les améliorations à entreprendre dans toutes les parties de l'administration.

Ainsi, nul besoin du peuple ne pouvoit être ignoré ; la censure pouvoit atteindre les hommes placés dans les postes les plus éminens ; la lumière pouvoit pénétrer dans le sein du corps législatif de toutes les parties de l'Attique et du globe même.

En reconnoissant tous les avantages de cette attribution faite à la Chambre des propositions, des observateurs sévères jugèrent qu'elle avoit aussi ses dangers, malgré la modification qu'elle avoit reçue par la disposition ultérieure suivant laquelle les vœux que la chambre manifestoit sur ces différens objets, n'avoient aucune suite nécessaire. Si l'on rapproche, disoient-ils, la première partie de la disposition, de celle qui donne l'entrée dans la Chambre aux membres parvenus à l'âge de 25 ans, à cet âge où les passions ont toute leur énergie ; si on la rapproche d'une autre disposition, qui permet d'adresser des pétitions individuelles à toute autorité constituée, ne peut-il pas arriver fréquemment qu'un orateur jeune et véhément exprime un vœu séditieux sous la couleur de quelque avantage pour le peuple, qu'il le fasse appuyer par une foule de pétitions individuelles, qu'il excite ainsi des orages, qu'il fasse naître des insurrections, qu'il arrache enfin à la chambre l'adoption de ce vœu.

Cet inconvénient, s'il pouvoit avoir lieu, parut à de bons esprits avoir son remède dans le petit nombre des membres de la chambre de proposition, comparé à celui des autres autorités constituées; dans la bonne composition de cette chambre, qu'assuroient également l'épuration des choix du peuple, et la sagesse de la Chambre sénatoriale préposée à faire elle-même un dernier choix parmi les éligibles; dans le pouvoir enfin attribué à cette chambre d'annuller tous les actes qui lui seraient dénoncés comme inconstitutionnels.

La Chambre des délibérations était composée de trois cents membres âgés de 30 ans au moins, et renouvellés, comme ceux de l'autre Chambre, par cinquième tous les ans : il devoit toujours y entrer un citoyen au moins de chaque arrondissement de la République. La session de cette Chambre ne commençoit chaque année qu'à l'entrée de l'hiver, et étoit limitée à quatre mois; mais elle pouvoit être extraordinairement convoquée pendant les huit autres par le gouvernement.

Cette limitation avoit pour motif de donner aux projets de loi toute la maturité convenable : elle mettoit en outre un frein à cette intempérance de législation qui avoit si excessivement multiplié les loix sous le régime des constitutions précédentes.

La Chambre des délibérations faisoit la loi, en statuant par scrutin secret et sans discussion de la part de ses membres, sur les projets débattus devant elle par les orateurs de la Chambre des propositions et ceux du gouvernement : on a précédemment vu tous les avantages de ce mode, et combien il étoit propre à assurer la liberté des suffrages.

La confection des loix n'étoit confiée aux membres de cette Chambre, qu'à cet âge où les passions sont presque amorties, où la raison a toute sa force ; et en ne la mettant aux prises, pour ainsi dire, qu'avec elle-même, par l'interdiction de toutes discussions et de tous débats, on plaçoit les lois et leurs oracles dans un sanctuaire dont le silence et le calme écartoient les agitations, les orages qui auroient pû en troubler la pureté.

Le Gouvernement étoit confié à trois Archontes nommés pour dix ans et indéfiniment rééligibles par la Chambre sénatoriale...

Au premier Archonte, appartenoient la publication des lois et toutes les nominations aux places militaires et civiles ; il nommoit aussi tous les juges civils et criminels, autres que les juges conciliateurs et les membres du tribunal régulateur, mais sans pouvoir les révoquer.

Cette dernière et nouvelle attribution paroissoit fondée sur ce que l'administration de la justice faisoit nécessairement partie de l'administration générale, et qu'il étoit juste dès-lors que l'administrateur suprême sur lequel reposoit essentiellement cette administration générale, eût le choix de ses coopérateurs ; mais dans cette attribution même on avoit soigneusement conservé les droits du peuple, en statuant que le premier Archonte ne pourroit prendre les juges et les commissaires établis près les tribunaux, que dans les listes arrêtées par les assemblées du peuple. Les droits sacrés de ce peuple étoient encore conservés sous un autre rapport, en ce que les juges quoique nommés à vie, ne pouvoient continuer l'exercice de leurs fonctions, qu'autant qu'ils seroient maintenus sur les listes d'éligibles correspondantes à leurs fonctions.

Les juges conciliateurs ne furent point compris dans l'attribution, parce que le peuple devoit choisir directement ceux qui par la nature de leurs fonctions, devoient avoir toute sa confiance.

Quant aux membres du tribunal régulateur, spécialement établi pour venger par l'annullation des jugemens des autres tribunaux, les atteintes portées à la loi, la nomination devoit en appartenir, par une analogie bien palpable, à cette Chambre suprême, dont la principale attribution étoit d'annuller les actes attentatoires à la constitution.

Toutes les autres attributions faites au nouveau Gouvernement, étoient les mêmes qu'il avoit eues sous le régime de la précédente constitution ; mais il ne pouvoit choisir ou conserver pour conseillers, pour ministres, que des citoyens dont les noms se trouvoient sur la liste nationale : par cette disposition, on donnoit au peuple qui ne l'avoit jamais eue jusques-là, une influence constitutionnelle dans le choix des agens du Gouvernement.

Dans les actes du Gouvernement autres que les nominations aux places militaires, civiles et judiciaires, le second et le troisième Archontes avoient voix consultative ; ils signoient le registre de ces actes pour constater leur présence ; et s'ils le vouloient, ils y consignoient leur opinion, après quoi, la décision du premier Archonte suffisoit.

Ces précautions parurent efficaces pour garantir à la nation que les décisions du premier Archonte ne seroient jamais le triste résultat, soit de l'obstination ou du caprice, soit d'aucune passion quelconque. Quel est en effet, disoit-on, l'administrateur suprême qui s'exposera, en prenant le mauvais parti dans des occasions importantes, malgré l'opinion dissidente de ses deux collègues consignée dans un registre national, à encourir le blâme, l'indignation même de ses contemporains et de la postérité ? Combien d'avantages aussi devoient résulter de cette unité de volonté et d'action ! de l'ensemble dans les vues, de la précision dans les ordres, de la célérité dans l'exécution.

Une disposition bien importante mettoit à l'ambition du premier Archonte des bornes qu'il lui étoit impossible de franchir. Il étoit, à la vérité, indéfiniment rééligible ; mais sa maintenue dans ce poste étant alors le résultat des différens choix du peuple, dont se composoit celui que faisoit ensuite la Chambre sénatoriale, ne pouvoit être envisagée que comme la juste récompense de ses talens et de ses vertus. S'il sortoit de place, soit par l'expiration de ses fonctions, soit par démission, la constitution, dans ces deux cas, avoit sagement pourvu à la répression de toutes vues ambitieuses de sa part : elle vouloit alors qu'il devînt de plein droit et nécessairement sénateur : cette espèce d'absorption étouffoit tous les projets qu'il auroit pu former, et le rattachoit pour la vie à la constitution de son pays.

Un hommage bien remarquable rendu à l'égalité des droits, dans la nouvelle constitution, ressortoit de la disposition par laquelle les délits emportant peine afflictive et infamante commis par les membres des trois chambres et ceux du conseil d'état devoient être poursuivis devant les tribunaux ordinaires, après qu'une délibération du corps auquel les prévenus appartenoient, auroit autorisé la poursuite.

En statuant de la sorte relativement aux délits et aux crimes punissables par des peines graves, la constitution devoit nécessairement décider que les fonctions de ces mêmes membres ne donneroient lieu contr'eux à aucune responsabilité. Par une disposition contraire, on auroit troublé l'exercice de ces fonctions éminentes ; et des accusations même hasardées auroient avili, au moins instantanément, des hommes qu'il importoit pour le bien public, d'environner d'une grande considération. Toute la responsabilité devoit donc porter, comme la constitution la faisoit porter en effet, sur les seuls ministres, d'autant plus que relativement soit aux loix, soit aux actes du gouvernement contraires à la constitution, c'étoit les ministres qui en mettant à exécution ces loix et ces actes, consommoient véritablement une espèce de crime national.

Tels étoient les principaux élémens de la nouvelle constitution, presqu'aussi recommandable par les dispositions qu'on en avoit écartées, que par celles même qu'on y avoit fait entrer.

On ne l'avoit pas surchargée, comme la précédente, d'une foule de détails qui doivent être l'objet de loix organiques ; les parties vitales étant heureusement disposées, c'étoit à ces loix seules à y imprimer le mouvement. On ne l'avoit pas fait précéder non plus, comme l'avoient été toutes les autres, de ces déclarations des droits de l'homme où des abstractions érigées en principes vagues prêtent aux commentaires et aux interprétations de tous les partis au gré des passions qui les animent. Nulle disposition sur la liberté de la presse, et de publier ses écrits, non plus que sur le régime des sociétés s'occupant de discussions politiques : on a vu précédemment les motifs de cette omission sagement réfléchie. Enfin l'on ne s'y étoit pas occupé, comme dans la constitution précédente, de fixer péniblement un mode de révision du nouveau code constitutionnel. On s'en reposoit sur la vigilance du gouvernement et de la chambre des propositions d'indiquer les améliorations à faire dans le régime de la république sans toucher aux bases constitutionnelles, de les discuter dans la forme prescrite, et d'y faire statuer par la chambre des délibérations.

Sous un gouvernement vigoureux, avec des autorités constituées bien coordonnées entr'elles, la république dût reposer désormais sur des bases fixes et immuables.......

(Ici se termine ce qui s'est conservé du manuscrit).

www.ingramcontent.com/pod-product-compliance
Ingram Content Group UK Ltd.
Pitfield, Milton Keynes, MK11 3LW, UK
UKHW021038260726
13994UKWH00005B/2225

9 782329 064567